HERO

西部警察 PERSONAL 8

柴俊夫×石原良純 TOSHIO SHIBA × YOSHIZUMI ISHIHARA

THE HERO OF SEIBUKEISATSU

SHINNOSUKE YAMAGATA
POLICE ACTION

山県新之助（柴 俊夫）

西部警察署刑事

愛称大将。初期は上下のつなぎファッションで活躍。かつてはボクサーくずれのチンピラで大門に鉄拳制裁を受けて目が覚めて、刑事を志した異色の経歴。鳩村とは沖田以上の名コンビとして活躍。

これまでドラマをいろいろやってきましたが、こんなに男っぽい、男臭いっていう仕事場は、そうなかったですね。まあ難をいえば女性のにおいが全然……というよりほとんどない。どういう風にやったらいいか自分自身考えました。とりあえず人間ぽい方がいいかなという気がして。娯楽作品としてこれの右に出るものはないですね。柴俊夫（しばとしお）『さよなら西部警察』より

HOT AND COOL

MISSION

品川59
た35-29

新刑事登場!!
スタート

NEW FACE

BONDS
絆

4VALVE
DOHC RS-
TURBO

DAIMON GUNDAN

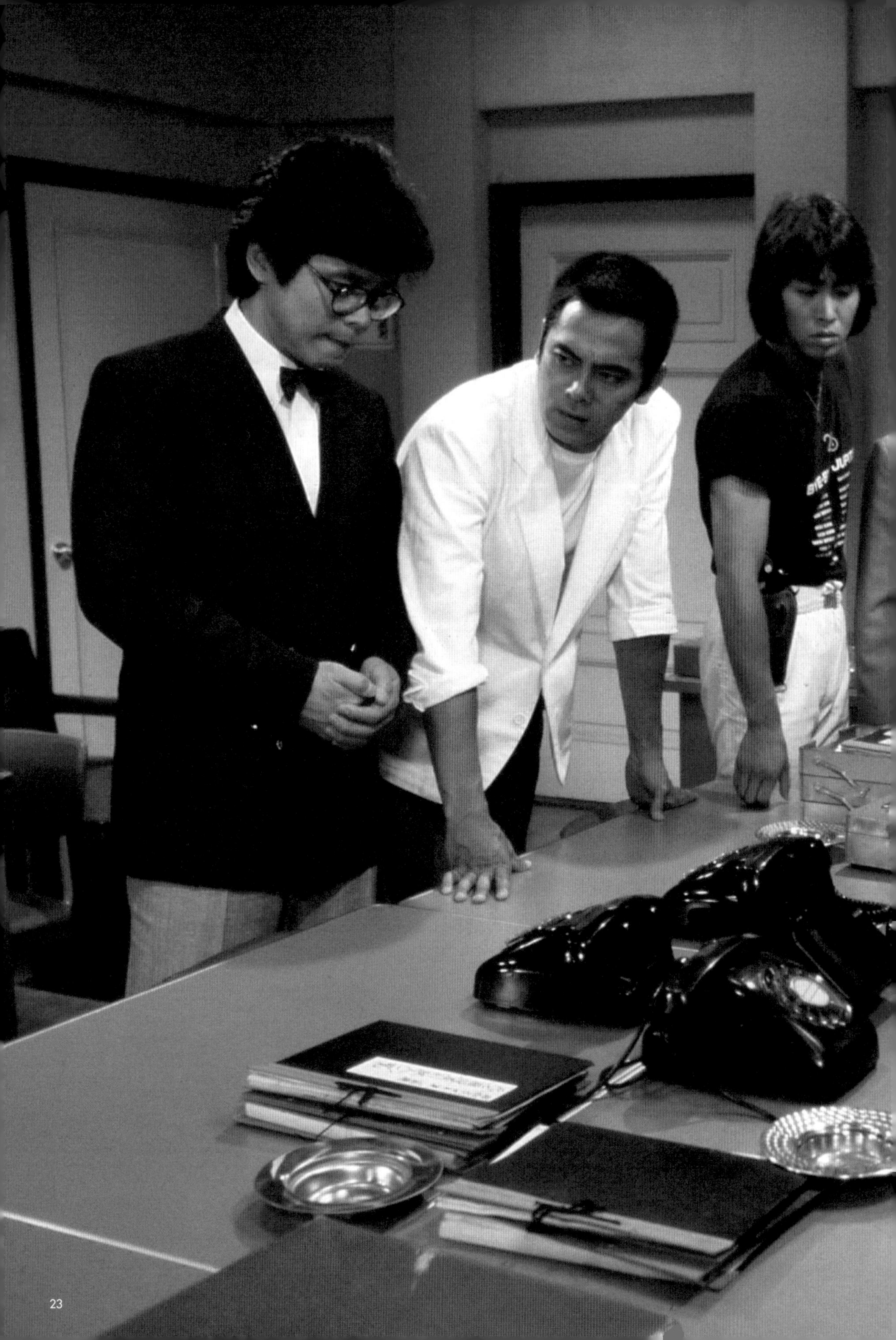

DANDYISM

TOUGH GUY

NISSAN
85-47
27-56

FAREWELL DAY
別れの日

西部警察
ISUZU
ISHIHARA INTERNATIONAL PROD. "CORP." INC.
㈱石原プロモーション
自家用
93-39

LOCATION

MEMORY

KSB
JA9244

MACHINE RS-1
マシン RS-1

フォーメーション走行の指揮及び、追跡と攻撃を目的とした指令車の役割を担っている。大門団長自らが運転していたが、その後、大将にその座を譲り渡した。急加速装置（アフターバーナー）と二連装機銃（20mm バルカン）を備え犯人を追い詰める。

SAFARI 4WD
サファリ 4WD

大門団長の特例を受けて警視庁の技術陣が、総力を結集して作り上げた西部警察の切り札として活躍。マイクロコンピューターをはじめ高性能レーダー、高圧放水銃など、多くの特殊装置を搭載。大門団長、源田浩史から、山県新之助に継がれた。

S&W M29 MAGNUM 6.5inch
S&W M29 マグナム 6.5 インチ

同銃は、オキも使っていた。重厚感があり野生派山県にピッタリの銃。テキサス製のホルスターを使用。ハーネストだけを左肩にかけるなどして使っていた。劇中使用銃は、MGC 社製のモデルガンを電気着火式に改造して使用。材質は ABS 樹脂製だ。

SHINNOSUKE's CAR and GUN

JUN GODAI
POLICE ACTION

五代純（石原良純）

西部警察署刑事

愛称ジュン。大将こと山県新之助の翌週に新米刑事として登場。木暮課長の強い推薦で西部警察署に配置された。射撃、運転技術が優れており、運動神経バツグンの軍団若手刑事。大門の妹・明子と恋人関係から、のちに結婚を。

前に映画をやりましたが、本当の意味での役者としての仕事はこれが初めてです。渡さんをはじめ、本当にいいメンバーに恵まれて、年少もあって、みんなから可愛がられて。社会人１年生として初めて仕事をするなか実に様々なことを教わりました。本当にいい勉強になったと思います。石原良純（いしはらよしずみ）

『さよなら西部警察』より

THOROUGHBRED
サラブレッド

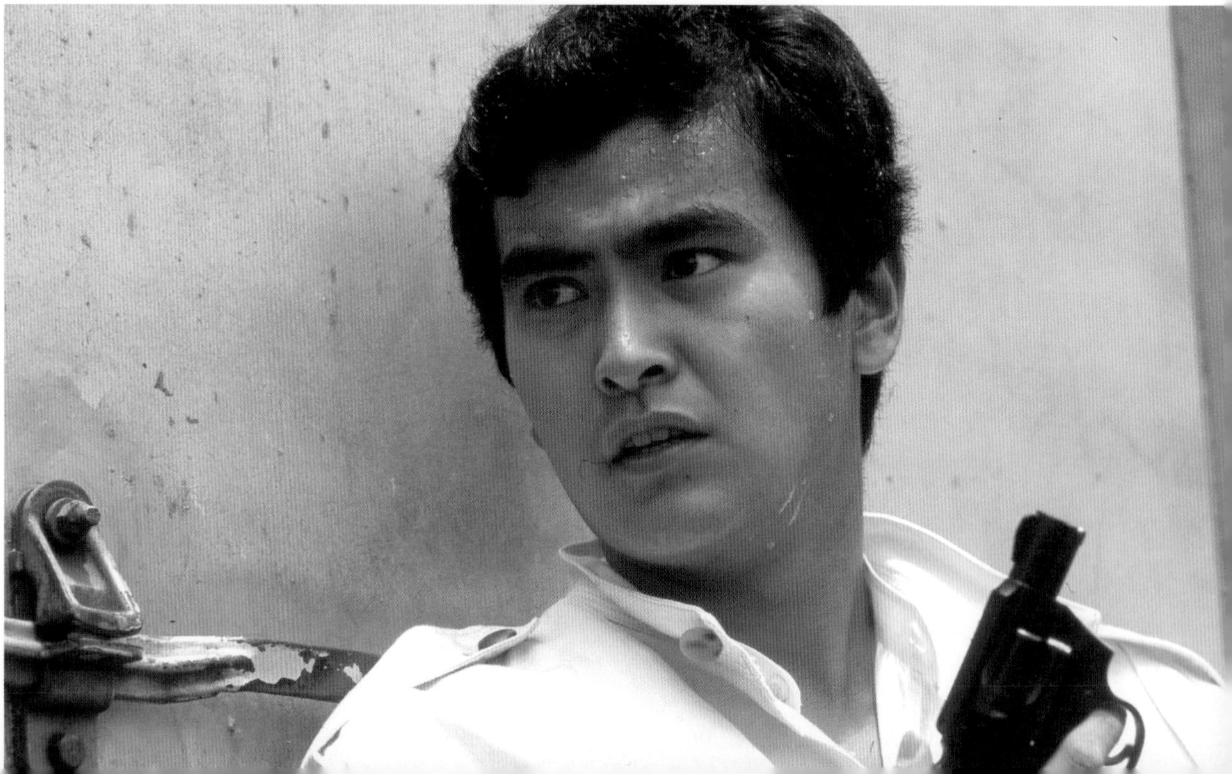

SAFARILAND

SAFARILAND

HAND TEN

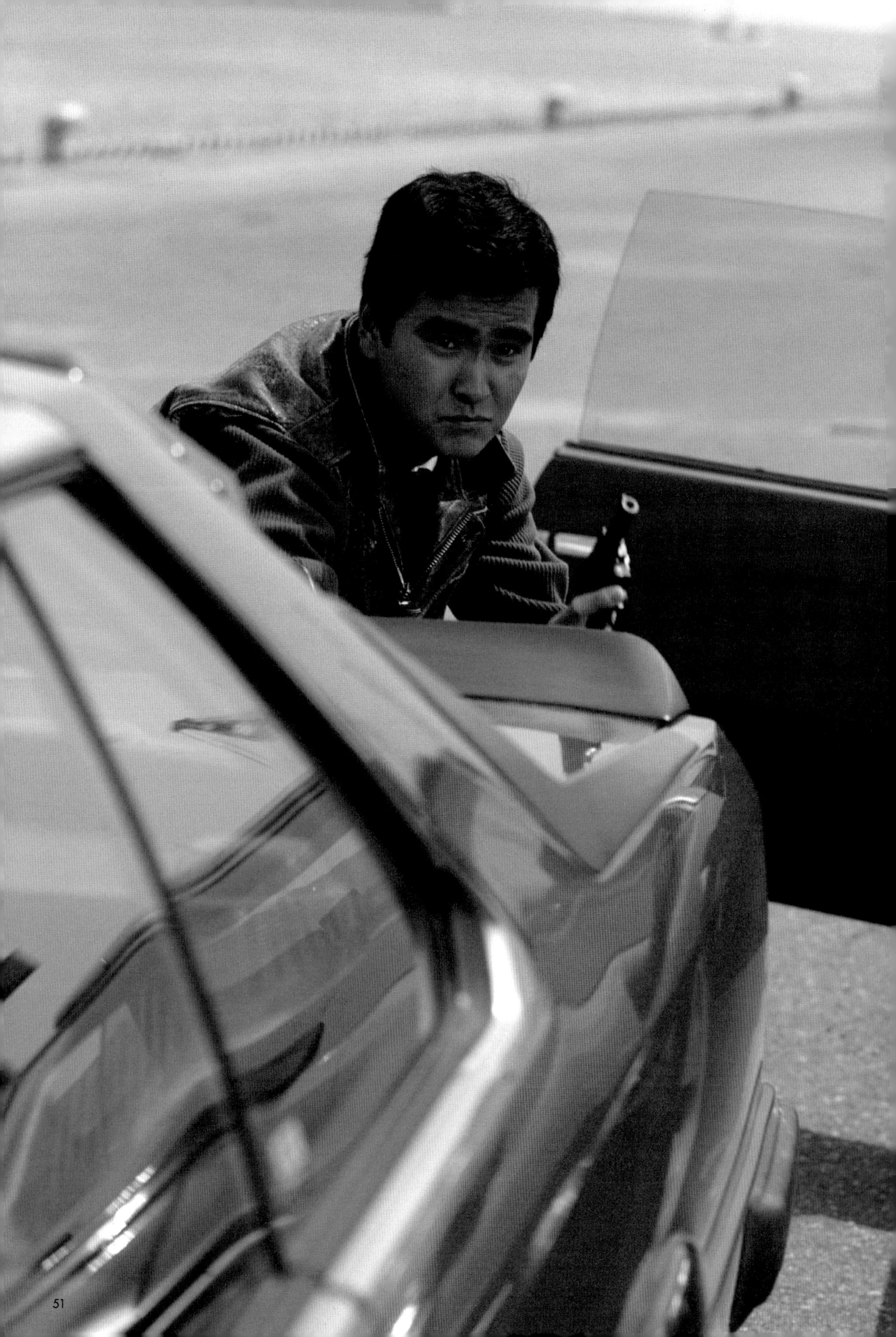

DEAR FRIEND

品川59

BOSS

SKYLINE
SKYLINE
DOHC TURBO RS
SKYLINE
品川59
た 35-29

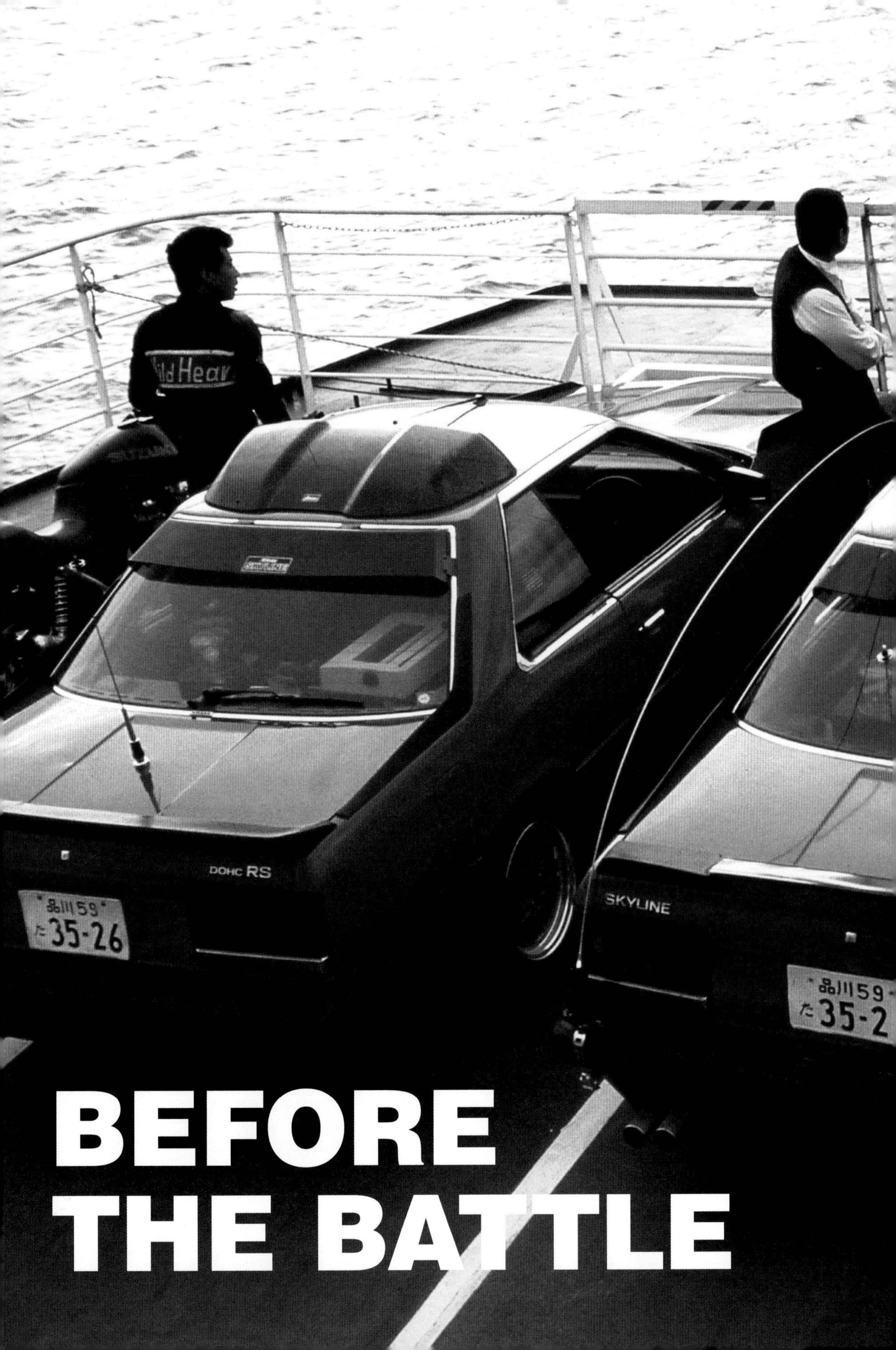

BEFORE THE BATTLE

大門明子
（演・登 亜樹子）

小林昭二
（南長太郎・愛称 チョウさん　西部警察署刑事）
石原裕次郎
（木暮謙三・愛称 課長、グレさん、グレ　西部警察捜査課長）
柴俊夫
（山県新之助・愛称 大将　西部警察署刑事）
石原良純
（五代純・愛称 ジュン　西部警察署刑事）
渡哲也
（大門圭介・愛称 団長、ダイさん　西部警察署部長刑事）
舘ひろし
（鳩村英次・愛称 ハト　西部警察署刑事）
峰竜太
（平尾一兵・愛称 イッペイ　西部警察署刑事）

DAIMON GUNDAN

便所
DR

シモ
日伸産業株

OFF-SHOT

HAKATA BAY

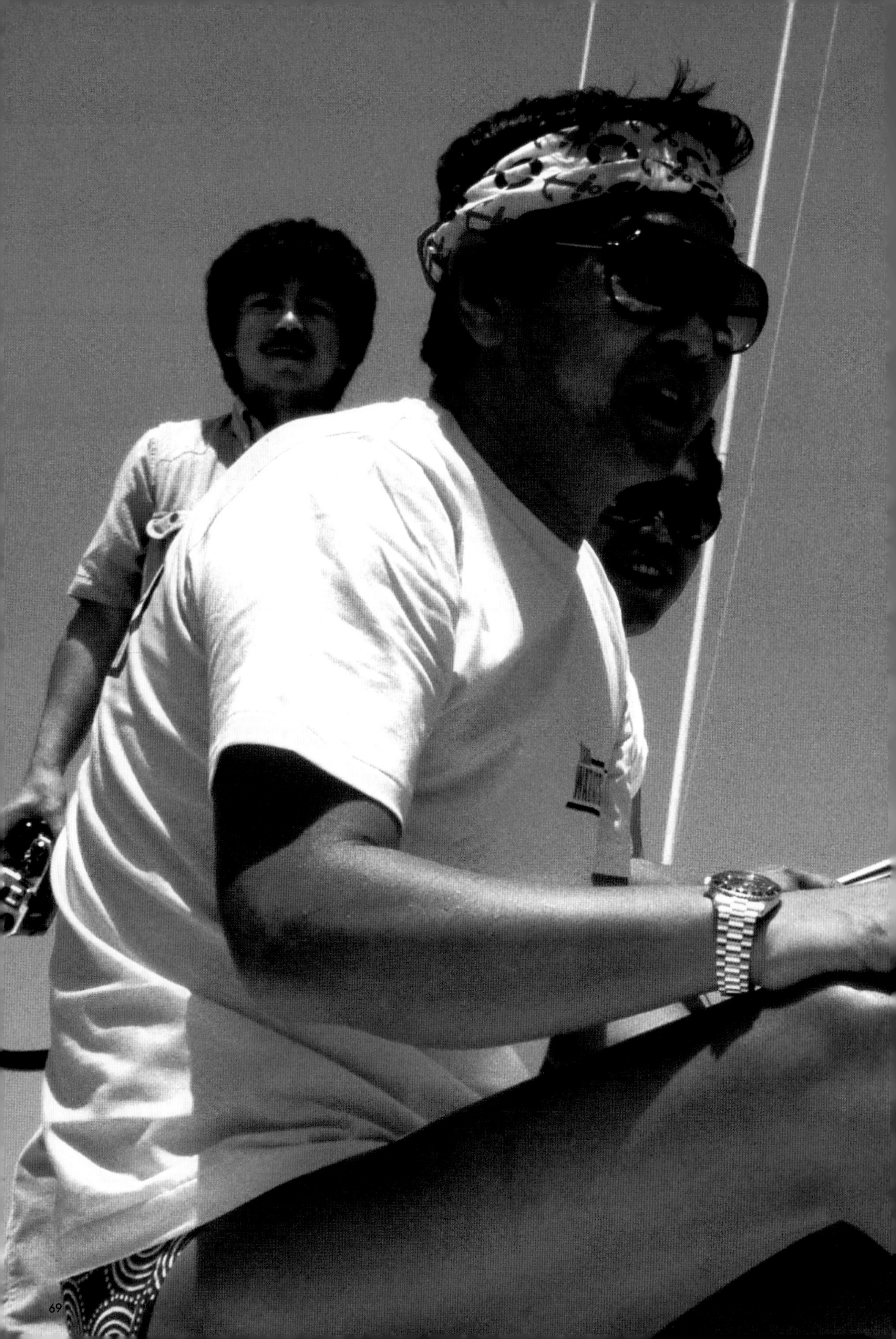

MACHINE RS-2
マシン RS-2

大門軍団特別起動車輌、いわゆるマシン RS 3兄弟のハンドルを握った数少ない一人。なかでも最も多く乗ったのがこの RS-2 である。最高速度は 260km/ hと並外れたパワーが特徴で、また今日的視点から見ても画期的なメカニックが装備されている。メインドライバーは五代で南が助手席に乗っているパターンが多い。

COLT LAWMAN 2inch
コルトローマン２インチ

大門軍団のほぼ全員が使っている常備標準銃だ。コルト社が 1960 年末～980 年代初めまで生産していた「MK-111 シリーズ」のダブルアクション式の回転式拳銃である。五代は他にも 44 オート・マグナムも使用している

JUN's
CAR and GUN

マシン RS-2

全長 /4595mm
全幅 /1665mm
全高 /1360mm
重量 /1395kg
ベース車輌 NISSAN SKYLINE
HT2000 TURBO RS-X

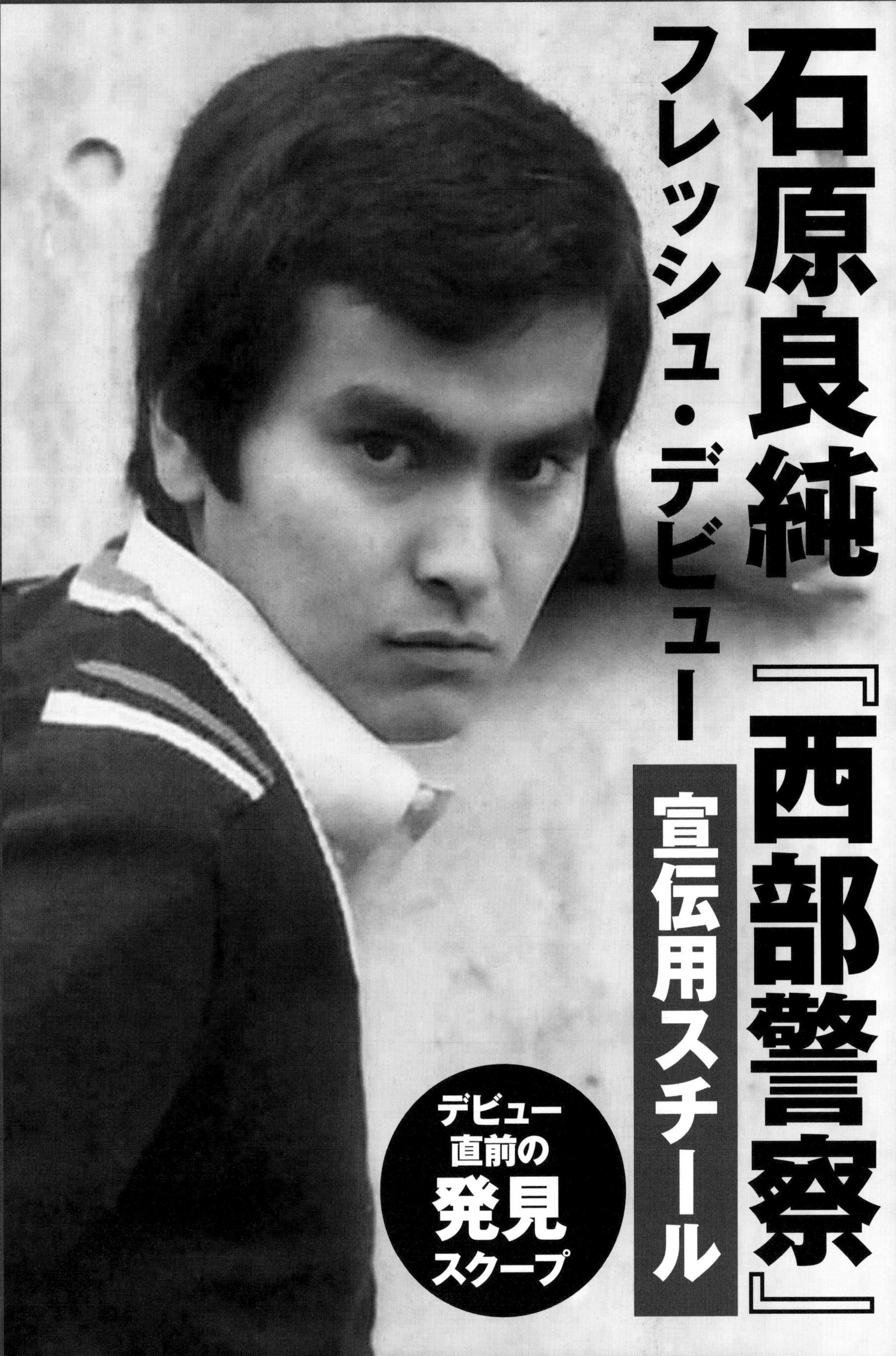
石原良純『西部警察』
フレッシュ・デビュー
宣伝用スチール
デビュー直前の発見スクープ

国際放映
砧撮影所
1983年（昭和58）
春

本名 / 石原良純
生年月日 / 昭和 37 年1月 15 日
出身地 / 東京都
出身校 / 慶應義塾大学
身長 /180cm
体重 68kg
趣味・特技 / スポーツ（ゴルフ、テニス）
デビュー作品 /「凶弾」
主な出演作品 /「西部警察」
所属プロダクション / 石原プロモーション

DREAM

刑事という仕事を始めて間もないので失敗も多いが、ガッツは人一倍です。
これからも応援してください。

日曜日夜8時の国民的人気ドラマ『西部警察』PART-Ⅲ

山県新之介×柴 俊夫 ホット&パワフル お蔵出し秘蔵フォト! 1983—1984

2
RS-

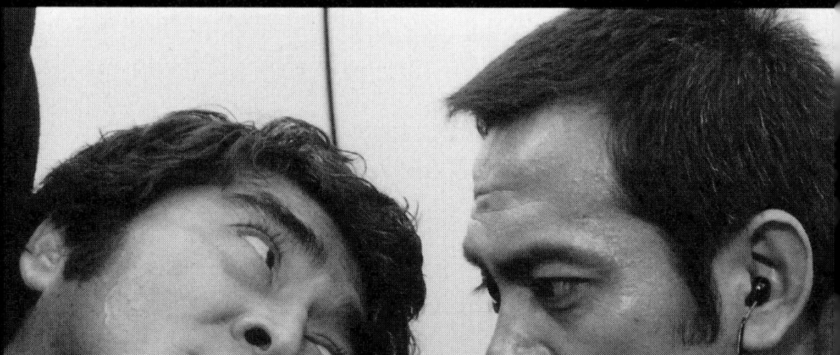

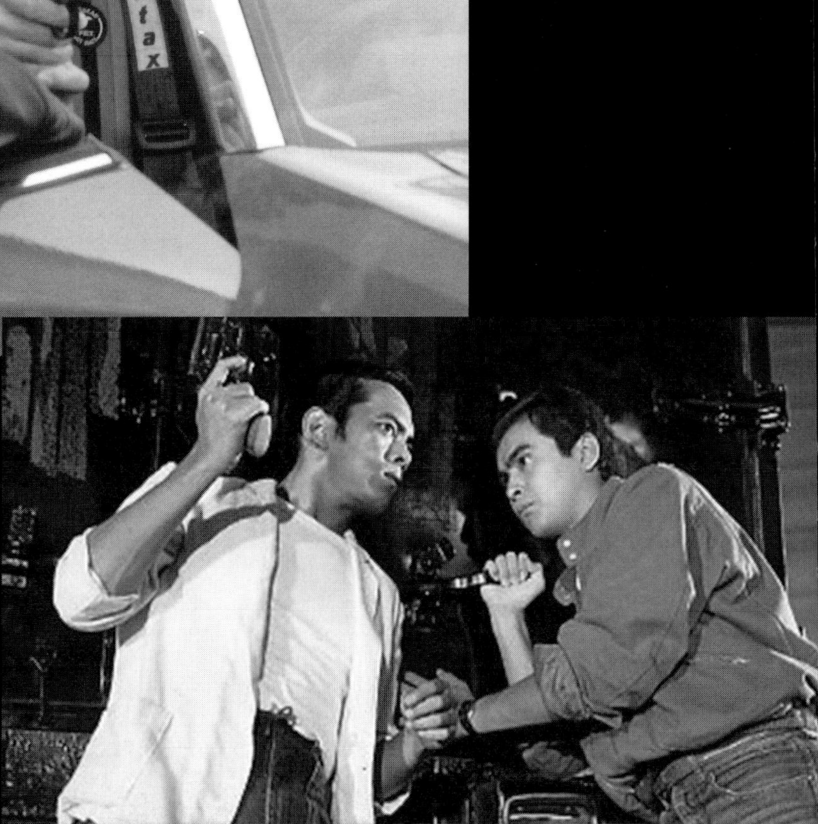

SAN

TURBO
品川59
35-28

品川59
た 35-29

4WD

WETBIKE
WETBIKE

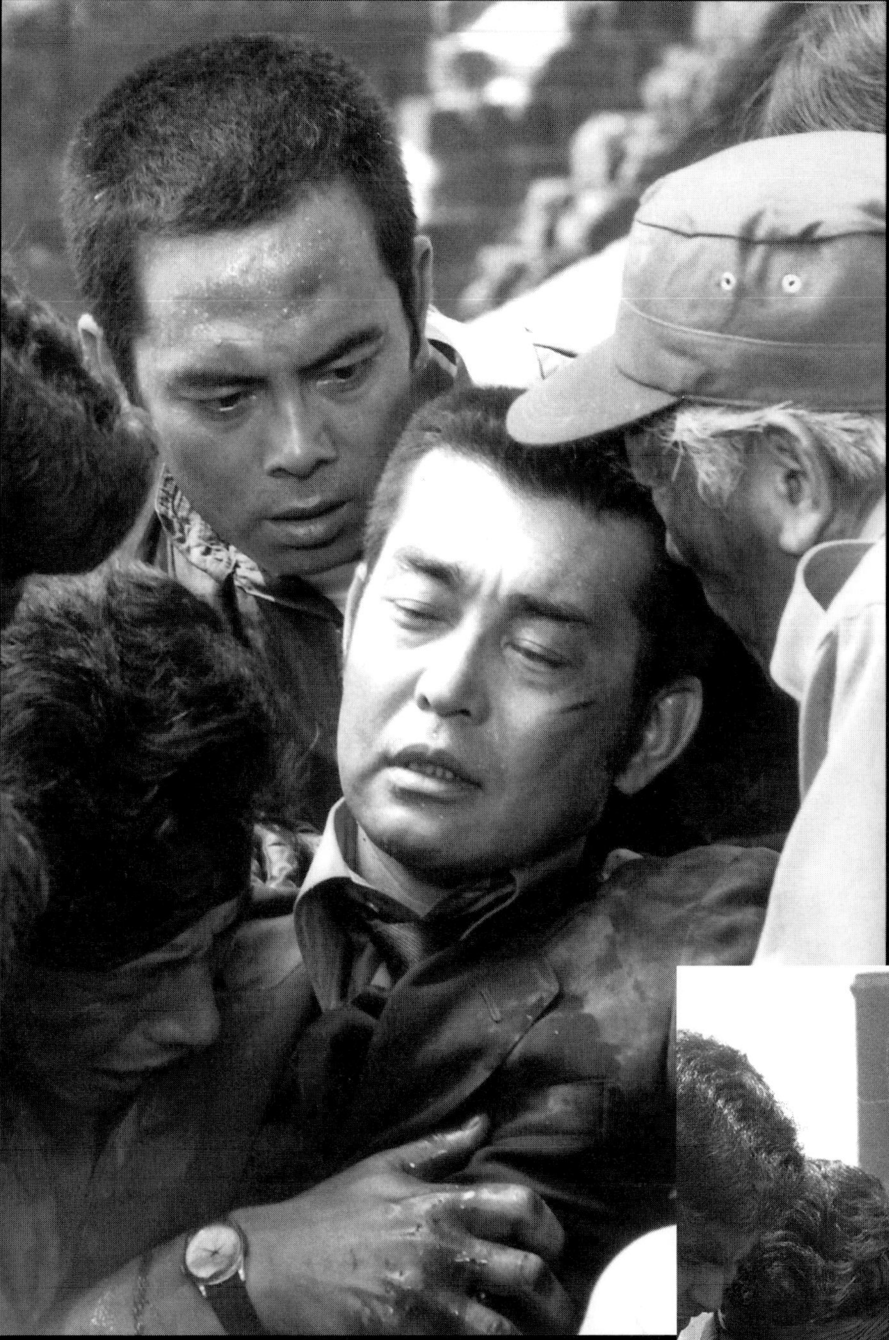

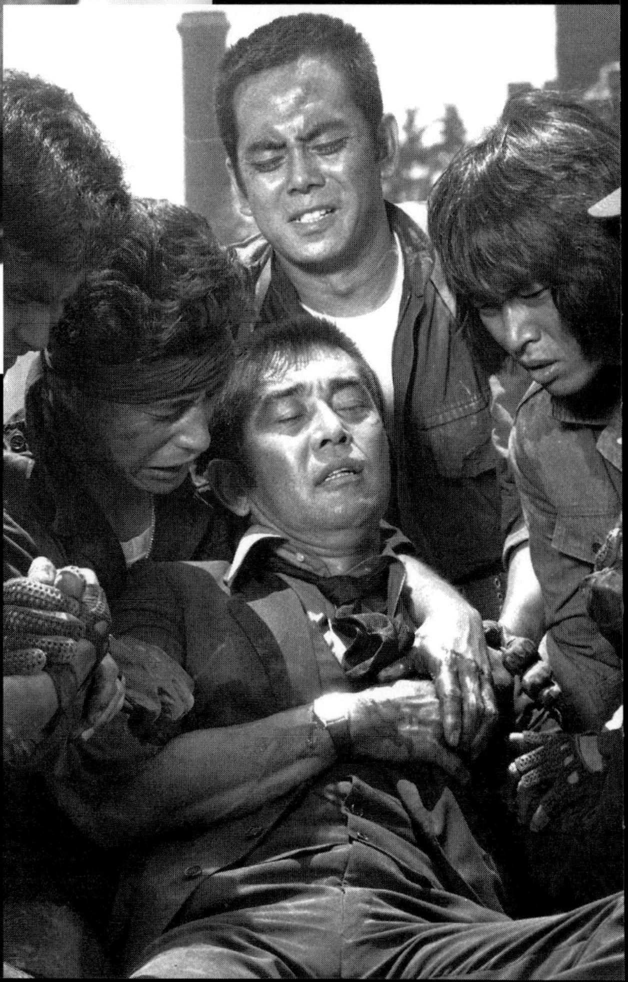

PART III

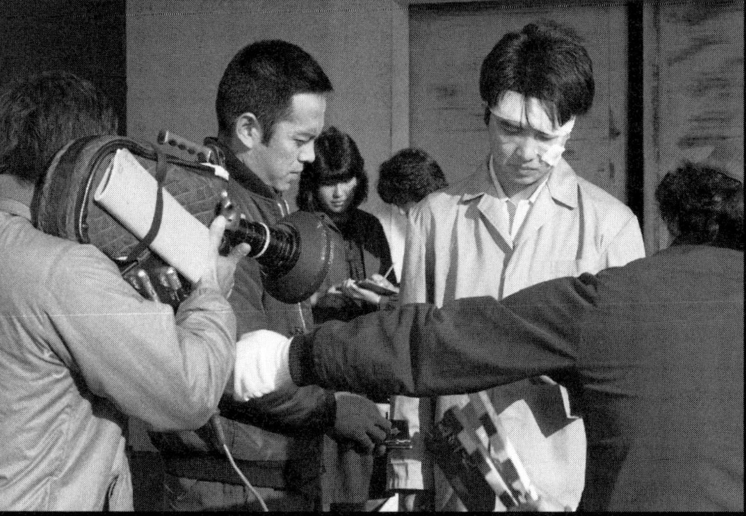

団長・大門圭介に漢惚れした漢《おとこ》、山県新之助刑事
――ハトとの名コンビネーションぶりで魅せた大将《タイショー》は俳優・柴俊夫の一生の宝に

『西部警察PART-Ⅲ』（'83年）では二人の新人刑事がデビューした。ひとりは雪山に消えた（殉職ではなく辞職した）オキこと沖田五郎刑事（三浦友和）の穴を埋めるべく登場した中堅＝ナンバー2タイプの刑事、大将（タイショー）こと山県新之助刑事（柴俊夫）。もうひとりは、久々の純粋な新人刑事枠、ジンこと兼子仁刑事（五代高之）の後継者たるジュンこと五代純刑事（石原良純）だ。この二人の新人の登場で『西部警察』ワールドは完全にリフレッシュされた。

沖田の設定が重かった反動か、山県刑事は根アカで豪放磊落《ごうほうらいらく》、小さなことは気にしないタイプの、極めて陽気なキャラクターとして描かれた。着任に際しても、大恩ある大門圭介団長（渡哲也）に手土産のひとつでも……との考えから、初出勤前に、スタンドプレイで潜入捜査を敢行。そこで同じく潜入捜査をしていたハトこと鳩村英次刑事（舘ひろし）と初対面。事態をよりややこしくしつつも、結果的に鳩村との連携プレイで事件を解決に導いた。思えばこの時点から、ハトとの名コンビぶりが約束されていたようで、初対面とは思えない相性の良さが画面からにじみ出ていた。沖田のような宿命を背負っていなかったこともあり、ある意味この『PART-Ⅲ』でのハトと大将のコンビは、『PART-Ⅱ』でのハトとオキ以上にポップなものとなり、メイン脚本家のひとりでのちに『あぶない刑事（デカ）』（'86年～）も執筆する柏原寛司は、

「舘さんと柴さんのコンビっぷりは『あぶデカ』のいいヒントになりましたね」と、当時を振り返る。

その大将は熱烈な大門信者。というのも、元はボクサーくずれのチンピラ同然だった彼を鉄拳制裁一発で見事更生させたのが大門だった。以来大門に心酔した山県は心を入れ替えて刑事を志し、晴れて大門の後輩となったのだった。じつはこの設定は『大都会PARTⅡ』（'77年）第36話で柴田恭兵が演じたゲストキャラクターの転用だった。柴田と柴とでは俳優のタイプはだいぶ違うものの、逆に柴田のキャラが柴に色付けされた感じで、山県はよりポップなキャラクターとなり、視聴者的にも親しみやすくなった。

その山県は、警視庁警察官拝命後、神奈川県の横須賀港南署捜査四課に初勤務。そこで先輩の鈴木刑事から刑事のイロハを叩き込まれた。その鈴木刑事の不正が発覚した際には、わざと鈴木の足を誤射。辞職に追い込み、自分はその責任を取る形で先輩の名誉を守り抜いた。そんな彼だからこそ、自身の人生を変えた大門には並々ならぬ恩義を感じ、ようやく念願かなって西部署への転属願いが受理された際には天にも昇らん気持ちだったことだろう。その先走った情熱が先のスタンドプレイを生んだことは想像に難くない。

そんな漢《おとこ》気あふれる彼の実家はじつは神奈川県にある教会。父親（汐路章）は神父で驚く。彼自身、マイケル・ヨセフという洗礼名を持ち、世が世なら教会を継いでいたところだが、真逆といっても差し支えない刑事の道を選んだ。幼なじみで友人以上恋人未満（？）のサリー（井上美恵子）という女性歌手がいたが、犯罪に巻き込まれて死亡。その弔い合戦にのぞみ、犯人である暴走族グループを一網打尽にした（第16話）。また、画家志望の森崎由美（藍とも子）という婚約者もいたが、彼女もとある事件に巻き込まれて命を落とすことに（第56話）……概して女性運は悪いようだ。

タイプとしては無骨だが、そんな家庭環境で育ったせいか、かなりのオシャレで、ふだんはツナギを着用しているが、これはイッセイ・ミヤケブランドだったりする（演じる柴自身が特注したとのこと）。また、事件捜査時にはライトなジャケットで行動したり、友人の結婚式に出席した際にはイッペイこと平尾一兵刑事（峰竜太）ばりに上下スーツに蝶ネクタイ姿を披露した。秋～冬場にはセーターの上に革のジャンパーを羽織ることも。犯人がテロリスト組織等で、激しい銃撃戦やカーチェイス、爆破等が予測される場合には迷彩柄のコンバットスタイル（ひょっとしてハトとのおそろい?）で捜査にのぞんでいた。

その身体能力は大門や鳩村に勝るとも劣らず。それだけにハトとは余計、名コンビネーションぶりを発揮できた。愛銃「S&WM29″44マグナム″6・5inch」を右手に構え、特別機動車輌のマシンRS-1を駆り、犯人を追った。メインはRS-1だったが、時としてRS-2や3、サファリ4WDも運転。大門不在時や、大門がヘリコプター移動の際には彼がスーパーZも運転していた。おそらくマシンXやKATANA等二輪以外の特別機動車輌ほぼすべてのステアリングを握った数少ない刑事だろう。

大門への忠誠心は人一倍で、『PART-Ⅲ』第33話では、犯人が仕掛けた核爆弾の解体にのぞむ大門を自ら進んでサポートし、文字どおり〝生死をともに〟を体現して見せた。

先述のとおりニックネームは大将《タイショー》だが、唯一鳩村だけが山県を〝ゴリラ〟と呼んでいた。これにはハトの大将への深い友情と信頼を感じられて微笑ましい。

微笑ましいといえば大将は子どもの面倒見も良く、『PART-Ⅲ』第28話では、非番の日に西部署の柔道場で師範として子どもたちに柔道を教える姿も描かれた。練習後に恩師の息子の少年に、行きつけのスナック・セブンでパスタランチをご馳走し、ニコニコと見守る姿はじつに微笑ましく、大将らしかった。

山県の刑事生活で最大の悲劇であり試練となったのは、やはり大門の殉職現場に居合わせたことだろう（最終回3時間スペシャル）。大門軍団員全員の悲劇ではあるものの、大門に憧れて刑事になった身としては、よりこたえたに違いない。その死に立ち会った際の山県の絶叫と号泣は、俳優・柴自身の演技を超えていた。大門を失い、刑事を続ける目的がなくなった山県がおとなしく家業を継いだのか、逆に大門の意志を継いで刑事を続けたかは定かでないが、そんな妄想を巡らすのも山県ファンとしては楽しいことだろう。

とにかく『西部警察PART-Ⅲ』撮影時は1年中、家族といる時間より大門軍団＝石原軍団といっしょにいる時間の方が長かったという柴にとっても『西部警察PART-Ⅲ』はかけがえのない財産になったそう。いまだに現場スタッフや一般のファンから「観てましたよ！」と、声をかけられる過去出演タイトルのトップだという。

（岩佐陽一）

日曜日夜8時の国民的人気ドラマ『西部警察』PART-Ⅲ

五代 純×石原良純 ホット&パワフル
お蔵出し秘蔵フォト! 1983—1984

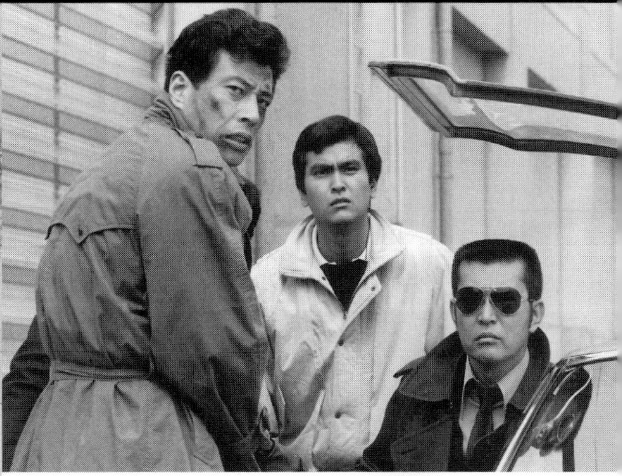

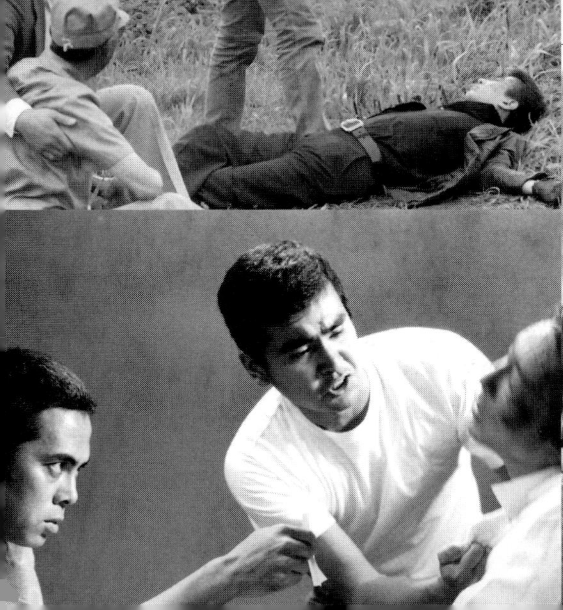

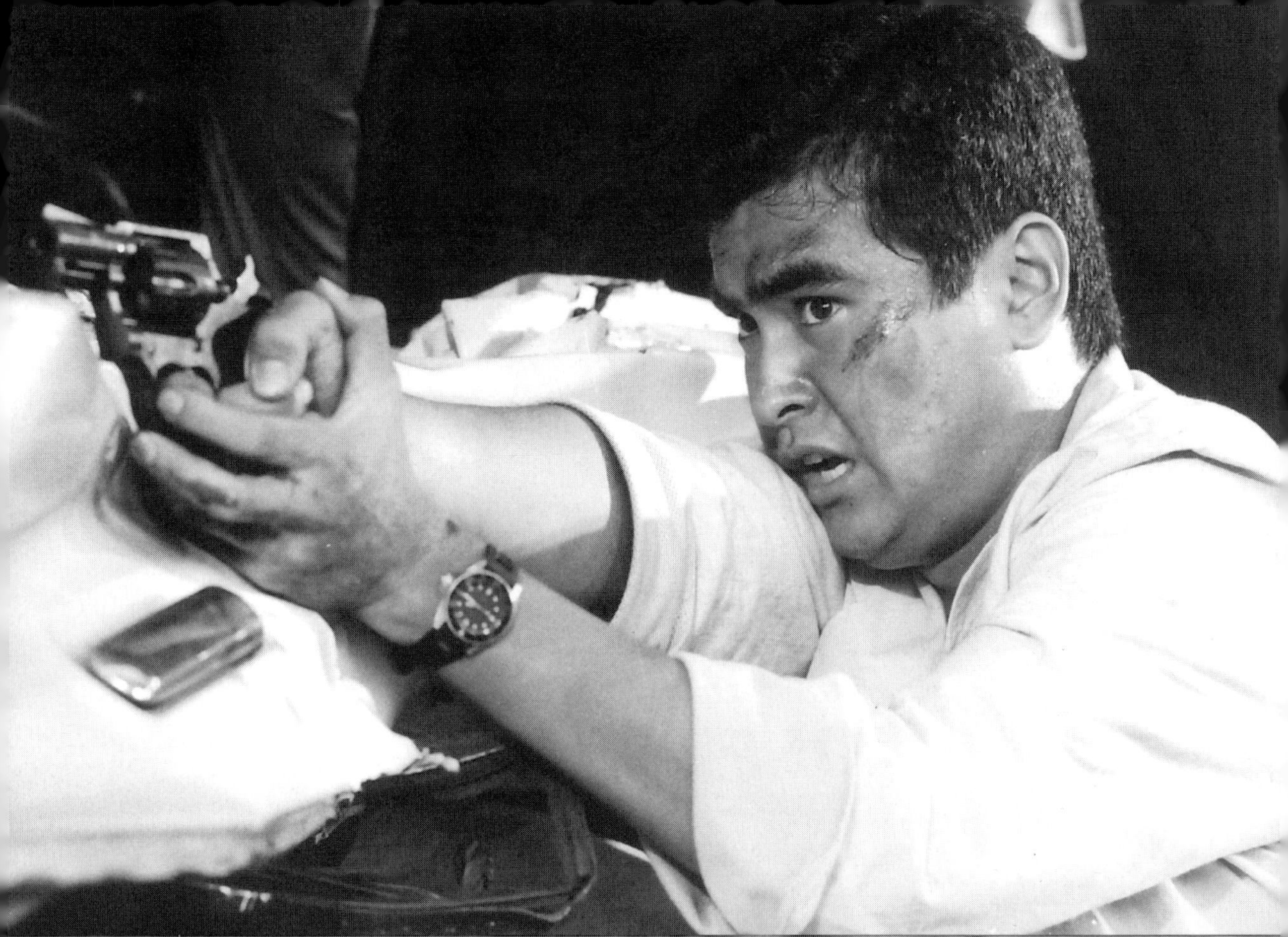

TURBO

NISSAN

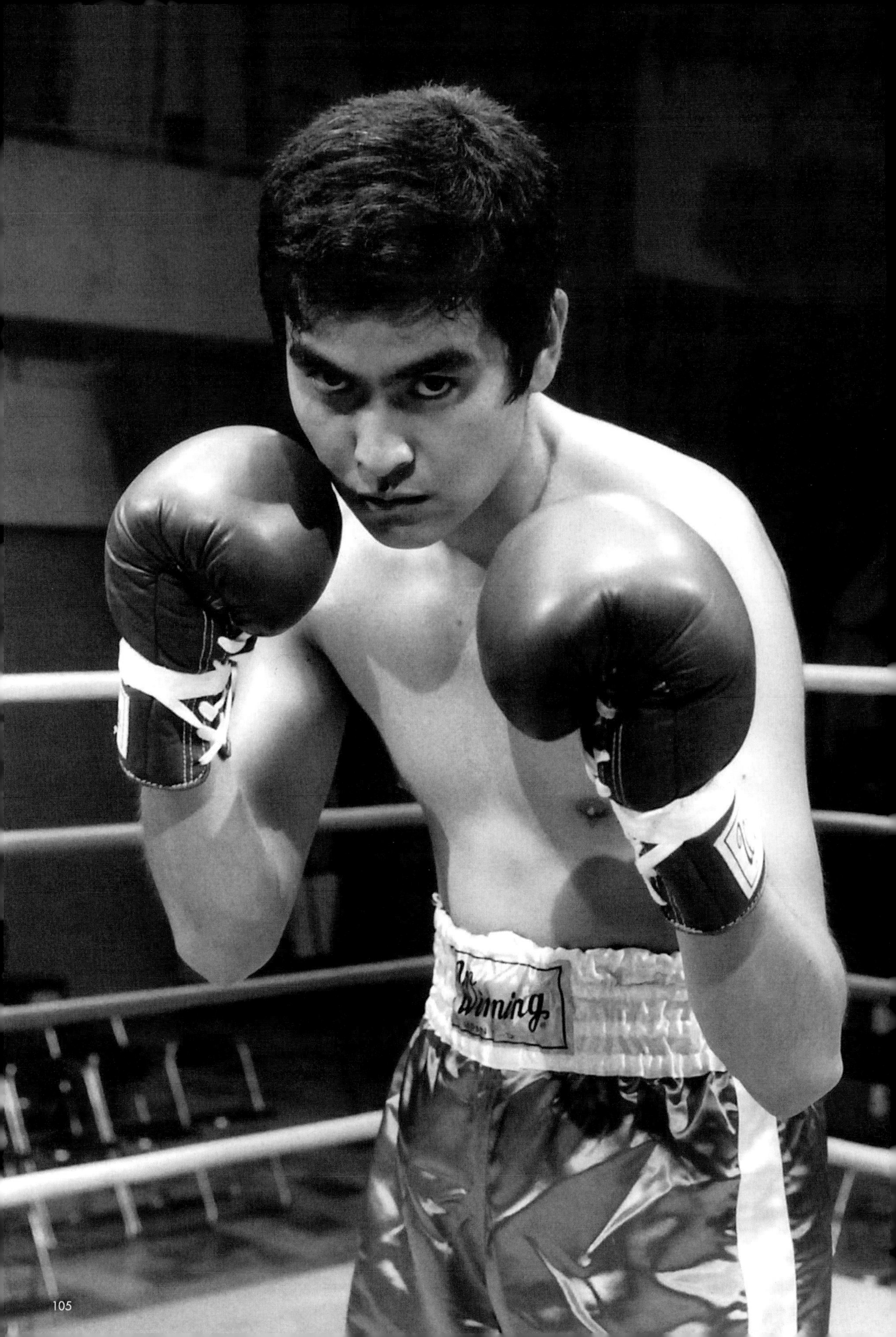
Winning

KSB

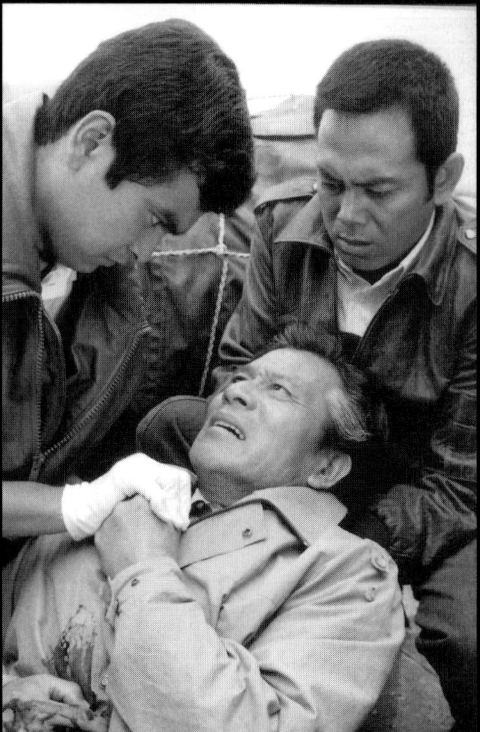

YAMAHA

TVシリーズ『西部警察』最後の新人刑事、ジュンを演じた石原良純が語る『西部警察』レジェンド
石原の芸能人生とともに『西部警察』と石原（大門）軍団伝説は今も生き続ける

『西部警察』ワールドの純然たる新人刑事枠は、ジョーこと北条卓刑事（御木裕）で止まっていたが、『PARTーⅢ』第8話にして、約2年半ぶりに西部署、大門軍団に新しい風が吹き込まれることとなった。現在ではバラエティ番組等で観ない日はない、石原良純演じるジュンこと五代純刑事だ。俳優・石原裕次郎の実兄にして小説家から政治家となる石原慎太郎の次男、石原良純が俳優デビューするにあたり、叔父たる裕次郎は愛着のある自作映画『栄光への5000キロ』（'69年）の主人公、五代高行の五代をこの新しい『西部警察』の登場人物の苗字に提供。名前を〝ピュアな刑事〟という意味で純粋の純、そして本名の良純の純を引っかけて〝純〟とし、ここに大門軍団最後の新人刑事、五代純が誕生した。

映像を観ればおわかりいただけるが、ジュンの初登場時、画面には「本名・石原良純」と、テロップが入る。これはテレビ的には異例のことだが、昭和30〜40年代の映画ではよく見られた手法だった。もちろん各映画会社が自社の次世代新人スターを観客にアピールする目的のものだが、これをテレビでやってしまうあたり、さすがは映画畑出自の石原プロらしいというか。当時、往年の日活映画を思い出された視聴者も多かったことと思う。

さて、鮮烈なデビューを飾った五代刑事は、特別機動車輌ならぬマイ・カスタムパトロールカー（違法では？）を引っ提げて西部署に現れた。大学時代にアメリカのカリフォルニア州で開催されたサンデーラリーに出場し、優勝した愛車SUNDAY（サンデー）号だ。この車は日産のGC10型スカイラインGTのブルーカラーを改造したもの。てっきりこれが特別機動車輌軍団に加わるものと思ったところ、初出動である12億円強奪犯グループを捜査・追跡中に大破、炎上してしまい、視聴者を二度驚かせた。新人刑事・ジュンの〝天狗の鼻〟をへし折るための作劇上の仕掛けで、そのために車1台を燃やしてしまう『西部警察』はやはりすごいと視聴者の誰もが思った。このことで五代は己の未熟さと思い上がりを悟り、以降、団長である大門や鳩村、山県ら先輩刑事らの指導・助言に対して謙虚に耳を傾けるようになる。

五代刑事は慶應義塾大学を卒業してすぐ、木暮謙三課長（石原裕次郎）の強い推薦で西部警察署への配属が決まり、大門軍団に加わった。演じる石原も慶應大卒だ。この虚実一体となった設定・展開は石原プロならではだろう。

演じる石原同様、正真正銘の新米刑事である五代は若さゆえのライト感覚はあるものの、意外に責任感は強く、『PARTーⅢ』第19話や第40話では、出張捜査先で出会った被害者女性を、凶悪犯グループの魔手から文字どおり命がけで守り通し、刑事としての意地と漢《おとこ》気を見せている。

海外のラリーで優勝するだけあって身体能力は高く、車輌運転技術はもちろん、射撃の腕前も優れていた。銃は基本、大門軍団の通常装備であるコルトローマン2inchを常用。愛車を失ってからは主にマシンRS-2を運転する機会が多かったが、RS-1と3や他車輌も運転している。

第40話では原動機付きパラグライダーを駆り、孤島にある犯罪組織のアジトに単身潜入を果たし、大門軍団突入の突破口を開いた。このことからもほぼスポーツ万能であると推測される。事実『PARTーⅢ』第15話では潜入捜査で新人ボクサーに扮し、見事ボクシングの試合で勝利して犯罪組織からの信用を勝ち取っていた。

ファッション的には赤や白のジャンパーの下に薄い色のシャツを着用。下はジーパンかスラックスというカジュアルスタイルが多かった。

先輩軍団員たちからは基本、名前のジュンで呼ばれるが、鳩村刑事からは「坊や」と呼ばれ、多少の不満は隠せないもよう。とはいえそれが鳩村なりの愛情であることは理解しているようだ。実際、石原は舘から、多くの演技上のアドバイスをもらっていたという。

スタート時点での階級は巡査だが、『PARTーⅢ』第67話で国家公務員上級職試験に見事合格。警視庁キャリア組の出世コースを手に入れるものの、本人は西部署への留任を強く志望する。

だが、早々に彼の将来性を見抜いていた木暮と大門は、五代の警視庁本庁捜査一課へ送り出そうと考えていた。

そしてなんといっても五代の最大のトピックスは、大門団長の実の妹・明子（登亜樹子）との〝婚約〟だろう。同時に敬愛する大門が義理の兄にもなり、五代にとってはこの上もない緊張を伴いつつも、明子とともに極上の幸せをつかむはずだったが……。最終回（3時間スペシャル）で、殉職した大門の代わりに木暮課長が明子の兄代わりとなり、五代と明子は挙式した。ラスト、夫婦となった二人は亡き兄にたむけた花を、木暮課長は警察手帳をそれぞれ海に投げて『西部警察』はその幕を閉じた。

石原がバラエティ番組等で披露する『西部警察』及び石原軍団の定番ネタは二つ。ひとつは〝十勝おはぎ〟。

『西部警察PARTーⅡ』（'82年）の全国縦断ロケーションシリーズ・北海道編で裕次郎が口にして気に入って以来、石原プロではおやつや間食としてこれを食することが慣例となった。だがその量がハンパない。平気で100個近く積まれたものを諸先輩やスタッフから強く勧められ、〝いくら美味しくっても限度ってもんが……〟と、石原が締め括って笑いを誘う。さすがに100個は話を盛っていようが、石原プロの〝社風〟を象徴する話としてはじつに面白い。

もうひとつは舘ひろしもネタにしている、大門団長のヘリからの銃撃。

「それまでいくら僕らが撃っても犯人に当たらなかった弾丸《たま》が、団長がヘリで駆けつけたとたんに急に当たり出すんだからおかしな話ですよ。おまけにあんな高いところから正確に犯人の手や足を撃ち抜く。鷹や鷲の目じゃないんだから（笑）」

と、『西部警察』の王道パターンを、知らない視聴者にもわかりやすく語っていた。実際に撮影現場にいた者が語るからこその説得力が加わり、『西部警察』の魅力を端的に伝える極上のエピソードとなっていよう。

当時、最後の新人刑事だった石原の存在とともに『西部警察』伝説（レジェンド）はこれからも語り継がれていくのだ。

（岩佐陽一）

「人生で大事なことを裕次郎さんから教わった」

スペシャルインタビュー

「スナックセブン」の2代目歌姫・美代子役
西部警察PART-Ⅱ、PART-Ⅲ

八木美代子 MIYOKO

『西部警察PART－II』から、かど屋のマスターのヒナさんこと朝比奈（佐原健二）からお店を譲り受け、スナック「セブン」をオープンした上村七重ママ（吉行和子）のもとで、2代目歌姫「美代子」役でレギュラー出演をした八木美代子。

　そのルックスと歌のうまさによって、たちまちのうちに『西部警察』ファンのハートを掴んだ。

　宮崎県小林市出身で、子供の頃から地元のど自慢大会では〝賞金稼ぎ〟の天才少女として有名。テイチク45周年記念の九州地区スカウト大会で準優勝したのをきっかけに1981年4月テイチクよりメジャーデビューを果たした。

　そして1983年1月『西部警察PART－II』の第30話「別離のラストフライト」からレギュラー入りをし、同時にリリースしたシングルのうち「男と女のWALTZ」は、『西部警察PART－II』の、また「つ・ま・ん・な・い」は『PART－III』の挿入歌として起用されTV東京では、冠番組を持つほどになった。

　現在もMIYOKOという名で幅広い音楽活動を続けるかたわら、本名のやなせ瑞代で、企業や団体のブランディングをサポートする「Baby－J」の代表取締役社長の他にフリーランスの女性のコミュニティ「驚異の女子会ティラノサウルス」の代表も務めている。

　そして今回、「PERSONALシリーズ」のスペシャルインタビューに、初登場をしていただき、ファンのために、とっておきの『西部警察』撮影秘話

大門軍団が行きつけのスナック「セブン」。左から柴俊夫、登亜樹子、吉行和子、八木美代子、御木裕、舘ひろし、峰竜太。

と大門軍団の忘れじの思い出を、たっぷりとインタビューさせていただいた。
39年ぶりのナマの声をお届けします。

いまのままでいいのかと迷っていたときに裕次郎さんが……

「西部警察の思いを語る上で、まず、どうしても話しておきたいことがあります」
インタビューの冒頭に、八木はこう話し、石原裕次郎との胸に残るエピソードからまずスタートした。

八木　いまも、歌を歌っていられるのは、石原裕次郎さんからの、あの言葉がなかったら、あり得なかったかもしれません。
私は19歳の時に裕次郎さんと同じテイチクレコードだった縁で『西部警察』に出ることが決まり、PART-IIの第30話からPART-IIIの第47話まで1年2か月もの間、出演させていただきました。
最後の撮影となったPART-III第47話が終わったとき、本当に、何か心の中でポッカリ大きな穴が空いたみたいになり、これから先のことが、あまり考えられませんでした。
その年の暮れの石原プロの忘年会に呼んでいただき、忘年会の席で、裕次郎さんから「美代子、こっちにおいでよ」と呼ばれ二人っきりでお話をさせていただいたんですね。
裕次郎さんから
「キミはすごく歌唱力があるし、歌も上手い。だけど演歌じゃない。だから今の

地方ロケのセレモニーには、紅２点、登亜樹子と八木で参加した。

レコード会社より他に移って、これからの歌のことを考えたほうがいいと思うんだ。僕は歌の人じゃなく役者が歌を歌っているから、それでいいと思う。でもキミは、もっとポップスとか、そういう方面で活躍できる人だからテイチクを離れて他で挑戦してみるべきだと思う。やってみなさい。キミならできるよ」

　そうおっしゃってくださったのです。それが心に響いてしまって……。

　私がこの先のことで迷い悩んでいることを裕次郎さんが察してくれて、こんなやさしい言葉をかけて励ましてくださった。

　ちょうどテイチクとも契約が満了ということで、この裕次郎さんの言葉を励みにして思い切ってテイチクを離れたんです。

『西部警察』を離れた八木は、やがて新天地、CMソングの世界で羽ばたくことになった。

八木「私は、もっと違う方向で歌を歌うべきなんだろう」と、事務所も辞めてもう一度、自分を見つめ直すことにしたんです。

　事務所を辞めたあと、知人の音楽家から「一緒にやろうよ」と誘われて、スタジオミュージシャンの世界に飛び込み、CMソングを歌うチャンスに出会い、名だたる企業のCMソングを４００曲近くも歌ってきました。

　一番最初に歌ったのはセブンイレブンさんの「セブンイレブン、いい気分♪」をやらせていただいて、そのあと、花王さんの「クリームみたいな石鹸♪」というCMソングも歌わせていただいたり、クリナップのCMも15年くらいやらせていただきました。

　それで仕事が広がっていき、アーティストのバッキングボーカルのレコーディングの仕事とか、グラミー賞を受賞した方たちとレコーディングをジョイントしたりして、歌で食べていく自信がついていったのです。

　やっぱり石原裕次郎さんがおっしゃっていた通り、そっちの方に向いていたんですね。

　いまは昼間、会社の仕事と女性コミュニティの運営、その他に国内外を通してYouTubeでパーソナリティとしても活動中。スタンダードジャズやポピュラーソングを中心にライブ活動も続けています。

　充実した幸せな毎日で、本当に、裕次郎さんには感謝でいっぱいです。

『西部警察』は大家族の集団でアットホームだった

さて、これからは西部警察のとっておきエピソードに移ります。八木の活躍場は、大門軍団行きつけの「スナックセブン」での２代目歌姫「美代子」役だ。

八木 ものすごく明るい現場でした。ただやっぱり石原裕次郎さんと、渡哲也さんの圧倒的存在感が大きく、スターっていうのはこういう方たちなんだ、というぐらいオーラが凄かったです。また裕次郎さんが歩かれると、渡さんは必ず一歩下がって歩かれる。そして俳優の方も、スタッフの方も、とにかく社長である裕次郎さん、副社長である渡さんを立てる、いい意味の男社会でした。そしてとにかく女性に優しい。私はスタートが19歳でしたので、まだ子供みたいなものですが、お二人に守っていただいていたよう

スペシャルインタビュー 八木美代子 MIYOKO

地方ロケのセレモニーでは、大観衆の前で歌うことができて大感激でした。

な気がします。

私は15歳で東京に来て、それからずーっと芸能界でしたが、お芝居の世界ではなく、歌の世界だったので規律を重んじる男社会に触れるのは初めてでしたからとても新鮮な思いを持って石原軍団を見つめていました。

ゲストの女優さんは別として、レギュラーの若手は、渡さんの妹役の登亜樹子さんと私の二人だけでしたので、みなさんにずいぶん可愛がっていただきました。

石原プロはまさに「大家族」の集団なんですね。

ごぞんじのように、地方へロケに行きますと、必ず夜はご飯を一緒に食べる、というのが石原プロのスタイルで、大広間に、車輌部さん、衣装部さん、俳優さんもみんな一緒に食べるんです。

食べ終わったあとは渡さんの部屋に俳優さんたちが集まって2次会で一杯飲むのが定番になっていて、舘さんのギターで「岸壁の母」と「若者たち」を歌われるんです。

私もちょっと呼ばれてハモったりすると渡さんから「君は歌が上手いな、すごいよ」と褒められ一緒に歌ったりしました。

本当にアットホームな集いでした。

私はギターを弾いて歌う、というシーンがほとんどだったため、渡さんからお芝居のことについて何も言われませんでしたが、逆に「僕は歌はダメなんだけど、キミはうまいな」とすごく歌を褒めていただいたのをいまも覚えています。

『PART-Ⅱ』から地方ロケが多くなっていったが、セレモニーではステージの歌で挿入歌を歌った八木美代子。その地方ロケの思い出を聞いてみた。

八木 いやぁ、ビックリしました。『西部警察』の地方ロケでのセレモニーでは、3万人から6万人のファンが集まっていました。そんな数のファンの前で歌うというのは、当時、世界的ミュージシャンか超ビッグスターでない限り考えられないことです。私が一番覚えているのは、三重県の長島温泉ロケでのセレモニーです。

なんと10万人の大観衆が会場を埋め尽くし、奥の奥の高い木に登ってステージを観ている人がたくさんいてビックリ。

それだけの大観衆にもかかわらず、まだ、こちらに向かっているファンの車が数珠繋《じゅずつな》ぎになっている、などの場内放送が流れたりして、たいへんな状況の中で、歌わせていただき、大声援に大感激

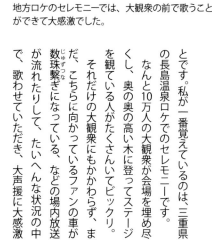

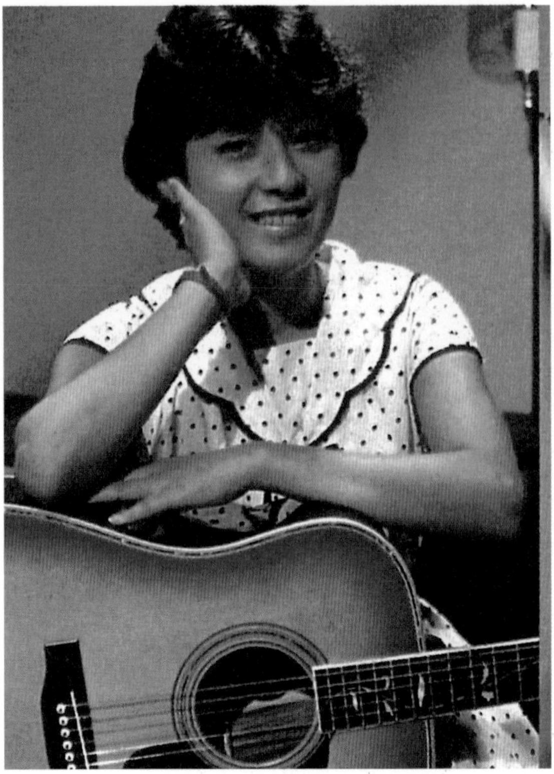

いたしました。
　ほとんどのファンの方が、石原裕次郎さんと渡哲也さんを生で見れるということで集まったんだと思いますが、あの熱気はスゴかったですね。そこに一列に一緒に並ばせていただいたんだ、といま思うと、本当に素晴らしい経験でした。
　これは、私の宝物ですね。
　ロケでは私は出演していませんが、セレモニーで『西部警察』の挿入歌を3曲、歌わせていただいていたため、ほとんどの地方ロケに同行させていただきました。
　ロケで印象に残っているのは、役者さん、スタッフが真剣を超えて、決死の覚悟で海に飛び込んだり、ヘリコプターに宙吊りになったり、カースタントで激突したり、煙突を爆破させたり、まさに命がけのシーンに挑んでいたことです。
　福島ロケでは、舘さんと渡さんが炎の中で演技をするという「生と死」の紙一重のとても危険なシーンを見させていただきましたが、お二人の勇気以上の勇気に、心配のあまり泣き出したりしました。〝男〟の現場は、とにかくスゴかった。

「仕事の出来る奴は飯をいっぱい食う。食わない奴は、信用せん」小林専務の信条

決死の撮影の現場を仕切ったのは、石原軍団の大番頭である小林正彦専務だ。鬼のコマサと呼ばれた小林専務だが、八木の印象はどうだったのか。またレギュラー陣の俳優たちを八木の目にはどう映ったのか、初公開のエピソードを披露してくれる。

八木　小林専務は常にいつも可愛がっていただいた思い出しかなくて、仕事でも、プライベートでお会いしたときも、可愛がっていただきました。常に登さんと私に「大丈夫か？」「飯は食っているのか」とか声をかけてくださり「とにかく食わない奴は信用せん」と言って食事をすすめるのですが、これは大変でした。女性にとって量が半端じゃないんです。「食ってるか、食ってるか、食ってるか」と。もうこれ以上食べれません、と言うくらい食べさせられました。
　美味しいものを「食え、食え」って言うことは、すごく目をかけていただいていたからだと、いまは感謝でいっぱいです。
　軍団の俳優さんたちの思い出もいっぱいです。
　峰竜太さんはあのまんまですね。いつも楽しくて、楽しい会話しかなかったです。舘さんと峰さんはスケジュールの合間合間でじゃれ合っていたという感じで、みなさん撮影の合間は現場で遊んでいました。
　舘さんはロケバスの中とかで、いろんな話をしましたけど、ミュージシャンとしての心構えとか、生き方について勉強になるお話をいっぱいしていただきました。あとご家族のお話とかジョークは多いんですけど、本当は真面目な人ですよね。
　スナックセブンの上村七重ママこと吉行和子さんは、すごくサバサバされた方

1983年（昭和58）石原プロ創立20周年パーティーの打ち上げで石原社長、渡副社長と記念写真（後列右が八木）。

で、私のことを「ミヨちゃん」と言って妹のように面倒をみていただきました。

吉行さんをはじめみなさん、日活撮影所のスタジオでは役者として大物の方ばかりで緊張の連続でしたが、優しくしていただきました。

とても恥ずかしい失敗談があるという。
「若気の至りです」と初公開をしてくれたエピソードとは？

八木　ドラマの中では厳しい指導よりも、みなさんからかばっていただいた記憶の方が強くあります。初めてお話をする恥ずかしいエピソードがあります。

セリフを間違えたりしたことや、漢字が読めなかったり、頭を抱え込んでしまうことが多くありましたが、それでも現場の方は笑ってくださり、怒られることはありませんでした。恥ずかしいお話をします。

三浦友和さんが亡くなるシーンがあって、そのとき、ト書きのところに〝美代子ギターを抱いて嗚咽《おえつ》する〟という説明があったんですが、嗚咽が私にはよくわからなくて、嘔吐《おうと》と勘違いしたんですね。

だから「ギターを抱いてなんで吐くんだろう」と思って、きっと吐くほど悲しいのかな、みたいな思いで「おえっ、おえっ」みたいな演技をしてしまったんです。

そのとき助監督さんから「ちょっと、ちょっと、何やってんの？」と言われて、「吐くんですよね？」と言ったら「おい、嗚咽って意味がわかんないの？」と言われ、現場が爆笑になったんです。

その時も、別に怒られるわけでもなく、笑いだけで、あとは優しくしていただいたのです。その失敗した思い出が、いまとなったらいい思い出になりましたね。

三浦友和さんのあと柴俊夫さんが入ってこられました。柴さんにもすごくお世話になりました。

柴さんはもう覚えていらっしゃらないと思うのですが、ロケのとき、私のマネージャーを叱ったことがあったのです。マネージャーが「いや、うちの美代子はまだまだです」と答えたら柴さんが「マネージャーなんだから美代子ちゃんのことを持ち上げるのが当然なのに、キミがそうやって下げちゃダメだよ」みたいなことをおっしゃっていただいたんです。私は、それがすごく嬉しかったですね。

人への思いやりをとても大事にして、それに正義感のとても強い方でしたね。

そういう俳優さんが柴さんを代表されるように、たくさんいらしたのが『西部警察』でした。

そうしたみなさんで作り上げた『西部警察』というテレビドラマは、もう二度とできないでしょうね。

男の集団で、しかも大集団で一つの番組を作り上げていく、といった作り方は、もうないでしょうね。だからこそ、すごい時代の人たちだったんだ、といま思うのです。

そういう意味で、そんな世界の中に、自分が身を置いてみなさんに育ててもらったわけですから、それはそれは幸せでした。

いま、そうした『西部警察』に出させていただいたことと「挿入歌を歌っていたんです」とその時代を知っている世代の方たちに話す機会が、ときどきあります。

みなさんすごく驚かれるので、すごい番組だったんだ、と改めて『西部警察』に出会えた喜びを感じ裕次郎さん渡さんに感謝するのです。

Profile
やぎ・みよこ MIYOKO
宮崎県綾町生まれ。小林中学生の時にレコード会社にスカウトされ、八木美代子として 17 歳でメジャーデビュー。テレビドラマの主題歌、挿入歌などを歌い、その後スタジオミュージシャンに転向し、CM song を中心に子供の歌、アーチストのバッキングヴォーカルなど幅広く活動。1990 年からは、グラミー賞を 2 回受賞している、世界的グループ、ルーファス&チャカカーンのベーシスト & プロデューサーのボビーワトソンとのレコーディングセッションに多数参加。現在は、企業や団体のブランディングをサポートする会社、「株式会社ベイビイジェイ」、フォロワー数 2000 名を超えるフリーランスの女性コミュニティー「驚異の女子会ティラノサウルス」代表も務める。
いまは昼間、会社の仕事と女性コミュニティの運営、その他に国内外を通して YouTube でパーソナリティとしても活動中。
医療従事者、エッセンシャルワーカーの方達に向けて感謝を伝える歌「世界中の命からありがとう」は、3ヶ国語で歌い世界へ発信している。

「世界中の命からあなたへ（A・RI・GA・TO）」
コロナ禍、最前線でウィルスと闘う医療従事者やエッセンシャルワーカーの方達に向けた感謝の楽曲を日本語、英語、ポルトガル語で歌い、世界に配信。国連、NY の消防局、衛生局、交通局からは、感謝のメッセージが届く。
https://youtube.com/playlist?list=PL9mBdVPFLJ19MUvYeu6PtpoiGU8kCawJr

あの大ヒット作品はこんな物語があった。
西部警察前夜第８回

石原プロの流儀

PART-Ⅲで西部警察は終え、悲願の映画製作へ

石原裕次郎、渡哲也、小林正彦の決断

もう日本中に爆破するものがなくなった

『西部警察PART－Ⅲ』は昭和五十九年十月二十二日まで一年半の放送予定だったが、日本全国縦断ロケが依然と加熱人気で、テレビ朝日は早々に『PART－Ⅳ』の企画を石原プロに提案してきた。

コマサは鼻息が荒く、「西部警察ニューマシン発表会」というイベントを始める。

小林正彦専務（中央）の指揮の下『西部警察』はPART－Ⅲまで進んだ。

番組で使用したスーパーマシンを並べ、『西部警察』のレギュラー出演者が勢揃いするなかで、裕次郎と渡が除幕式を行う。そのあとスーパーマシンの性能を説明し、撮影会へと進行していく。いまでは日本全国縦断ロケと並ぶ番組名物になった。

爆破炎上も、クライマックスとして欠かすわけにはいかず、毎回知恵を絞っていた。

「コマサ、もう日本中に爆破するものがなくなったので『西部警察』は終わりだな」

ロケ先のホテルで食事しながら、渡が笑って言ったことがあるが、これは本音であった。

今年、誕生日を迎えると四十二歳。裕次郎のもとに馳せ参じたのが昭和四十六年十一月だから、今年で十二年になる。五年と区切って入社したはずなのに、夢中で裕次郎のあとを追っているうちに十年が過ぎ、十二年になった。

「役者の旬は三十代から四十代だよ」

と、それとなく忠告してくれる映画関係者は何人もいたし、

「自分のことを考えなさいよ」

「石原プロ、辞めちゃえば」

あからさまに言う人もいる。誰も皆、心配して言ってくれていることはよくわかるし、ありがたいことだと思いながらも、

「自分は石原プロが大好きで、いまの生活が最高なんです」

と笑って答えるのだった。

またこんなふうに心情を話したこともあった。

「私は役者として、いちばんいい時期にテレビにばかり出ていました。ある人たちから、テレビばかりやっていないで、映画に出るべきだ、という話もありましたが、僕は石原裕次郎について行こうと決めていたわけですから、それはそれでいい。いまの自分があるのは石原裕次郎という男に出会えたからなのです。もし石原プロを出ていっていたら、いまとは違った自分になっていたかもしれませんが、そのことについては後悔はしておりません」

映画出演は、五十一年に深作欣二監督の『やくざの墓場・くちなしの花』を撮ったのが最後だった。映画各社からさまざまな出演依頼が持ち込まれたが、渡は一本も受けていない。『大都会』がPART－Ⅲまで、『西部警察』もいまPART－Ⅲを撮っていて、主役の渡は週四日は拘束される。しかも、地方ロケだと行きっぱなしになる。しかも、製作現場を取り仕切り、副社長として経営も見なければならない。対外的なつき合いもある。加えて、昨年は裕次郎が大病した。

やってみたい役柄のオファーもいくつかあったが、引き受ける時間など、どこを探してもなかった。

それでも渡は「いまの生活が最高」と笑ってみせるのだった。

正直言って、『西部警察』PART－Ⅳをやるのは気が重かった。いま、石原プロには七十億円の資金が貯まっている。これまでは負債返済のため、明けても暮れても拳銃やショットガンを持って走りまわった。いい年をした中年男がサングラスをかけて、ここぞというタイミングで派手な車に乗って颯爽と登場。犯人をバーンと撃ってジ・エンド。パトカーに同乗して帰ればいいものを、なぜか一人だけ反対方向に向かって歩いていく……。

スーパーマシンが次々と誕生し、国民的ポリスアクションドラマへ。

北は札幌から南は鹿児島までロケ地は全国20か所にも及ぶ。

気恥ずかしかった。それでも渡は自分を殺し、裕次郎に殉ずるため、耐えてきた。これまで焚き火をすると、嫌なことも、わだかまりも何もかも炎が焼き尽くし、煙となって拡散していった。だが、石原プロの経営が安定し、裕次郎が生還した頃から、「刑事」でいることが精神的に辛くなっていた。「日本中に爆破するものがなくなったので『西部警察』は終わり」——とコマサに告げたのは、「私《し》」より「公《こう》」に生きる渡の、精一杯のメッセージであった。

勘のいいコマサがそれに気づかないわけがなかっただろう。だが、乗りに乗ったいま、走れるところまで突っ走って行きたい。渡には申し訳ないと思いながらも、「渡さん、心配するな。爆破させるものがなけりゃ、建造してブッ壊せばいい」

と笑い飛ばすのだった。

そして、実際にそうした。福島ロケでは、喜多方市にある日中ダムの建設用地に犯罪組織の秘密基地を建造して、これを大爆破。岡山・高松編では離島の頂上に犯罪組織のアジトを建造し、大門団長を乗せたヘリがこれを爆破させた。渡は相変わらず、拳銃やショットガンを振りまわす。

「バン、バン、バン！」

銃撃戦のリハーサルは口で発射音を出す。音の出る空砲弾は高価だったからだ。街頭には大勢の見物人が集まっている。大の男がサングラスをかけて「バン、バン、バン！」。顔から火が出るほど恥ずかしかった。

〈自分はこれでいいのか？　石原プロはこれでいいのか？　映画は撮らないのか？　テレビ映画はなんのためにやっているんだ？〉

渡は自問せずにはいられなかった。

十二月二十八日、石原裕次郎は四十九歳、渡哲也は四十二歳の誕生日を迎えた。

「なぜ映画を撮らない」

年が明けて昭和五十九年、日本全国縦断ロケーション第十一弾は、二月二十日から三月十一日にかけて関西を舞台としてロケが始まった。神戸、大阪、京都で大門軍団が活躍する。

スーパーマシンによる壮絶なカーアクション、鉄板で装甲された特殊トラック、そして次々と爆破炎上するパトカー……。

関西ロケ最終回にあたる第50話「爆発5秒前！　琵琶湖の対決——大阪・大津篇——」の撮影を前にして、恒例となった縦断ロケの「セレモニー」が大阪城公園で行われた。集まった人の数は、実に十二万人。大阪城公園は人、人、人で埋め尽くされた。午後二時のスタートであったが、数百人の徹夜組もいた。朝五時から並んでさえ、舞台の裕次郎と渡が米粒にしか見えない場所しかない。

これが『西部警察』の人気だった。

「俺がデビューした頃のことだけど」

裕次郎が舞台でファンに手を振りなが

石原プロの流儀

ら、渡に話しかける。

「ロケ先で行儀の悪い見物人に〝おい、裕次郎、こっち向け〟なんて言われると頭に来てさ。よくブン殴ったものだ。若いし、芸能界の厳しさを知らないからサービス精神に欠けているんだな。〝お客様は神様〟なんて発想は、これっぽっちもなかった」

「いまはどうです?」

「ファンはありがたいな」

裕次郎は両手をあげてファンの声援に応えた。

関西ロケが終了した最終日、宿泊先の旅館大広間で宴席がもたれた。全国縦断ロケでは、その日の撮影が終わると出演者もスタッフも宿泊先の宴会場に集まり、裕次郎がその日の撮影の労をねぎらって宴会が始まる。この夜の宴会はロケ最終日とあってか、裕次郎も出席した。

宴もたけなわになり、

「今夜も紙ヒコーキ、飛ぶかな?」

そんなささやきがもれる頃、コマサが出演者とスタッフの名前を一人ひとり読み上げ、封筒を配る。なかには一万円札が数枚入っている。いわば大入り袋のようなもので、このご祝儀をスタッフたちは「紙ヒコーキ」と呼んで楽しみにしていた。財源は、地元商店や飲み屋、ホテル、企業などからもらったご祝儀やタイアップ金から捻出した。感謝の気持ちは金品にあらわしてこそ、相手の心に響く――人間心理に通じたコマサの人心掌握術であった。

スタッフの笑顔を見るのは、渡も嬉しかった。危険なアクションが多く、ケガと隣り合わせの危険な撮影に一心同体で臨む〝戦友〟なのだ。利益の一部を「ご苦労さん」と言って彼らに配ることを、渡は否定はしない。それでも、「だが」――という懐疑の念は澱《おり》のように心の底に沈んでいた。

渡は裕次郎も一緒のときにコマサと

「ウチは少し金儲けに走りすぎていないか? 収益も大事だが、もう、もっとほかにやるべきことがあると思うんだ」

「映画だろう?」

「いっこうに腰を上げないじゃないか」

渡の声が大きくなる。

「これまでは仕方がない。石原プロの屋台骨が傾いていたんですから、何とかしなくちゃいけない。刑事《デカ》やって拳銃でもショットガンでもブッ放したよ。だけど石原プロは立ち直ったし、カネもできた。もう、いいんじゃないか。映画を撮りましょう。社長に撮らせてあげよう」

渡は言葉を切った。裕次郎も、コマサに映画を考えると言っている。

それでもまだコマサは動かない。「社長が強く言わないから、コマサはカネを稼ぐためにいつまでもテレビ番組を作っている」――そんな思いを引きずっていた。

だが、それを言えば裕次郎の批判になる。裕次郎に殉じてこれまで生きてきた男しては、口が裂けても言えないことだった。渡には珍しく憤懣《ふんまん》を口にしたのは、「石原プロはこのままでいいのか」という危機感と、副社長としての危惧のあらわれだった。

「テツ、映画は撮る。必ず撮る。だけどな、映画を撮りました、コケました、借金背負いましたじゃ、シャレにならない。裕次郎も石原プロも懲りねぇな――そう言って世間に笑われる。

いまはしっかり稼いで、何があろうとビクともしない会社にするのが先決じゃないのか?」

「そんなことはわかっている。カネはあるじゃないか」

「もっといる」

「いくらだ。だから、いくら稼げばいいんだ!」

渡が激昂する。

「もういい二人とも」

裕次郎が中に入った。

〈テツの神経は切れかかっている〉

裕次郎はそう思った。

コマサはコマサで考え、悩んでいた。

脚本家に何本か企画を出させたりしたが、大スター石原裕次郎を生かすものはなかった。

「いくらだ。だから、いくら稼げばいいんだ！」とテツが投げつけた言葉で、テツが現状の石原プロに苛立っているのはわかっていた。コマサが会社を思う気持ちもわかっている。俺のことを、石原プロのことを真剣に思ってくれていることは二人とも同じだ。ありがたいと思う。

二人は自分の財産だ。だからこれまで、どちらにも与《くみ》してこなかった。だが、もう限界かもしれないと思った。

二人と別れたあと裕次郎は考えた。

裕次郎は、かつて『大都会PARTⅢ』で渡が見せた怒りを思い浮かべた。

セットで撮影中のことだった。

「こんなもん出来るか！」

主役の渡哲也が台本を放り投げたことがある。『PARTⅢ』は演技よりアクション主体の内容になっていた。連日連夜、銃撃戦やカーチェイスの撮影が続き、渡は役者としてフラストレーションが溜まっていたのだろう。いきなり爆発したのだった。

セットの奥で休んでいた裕次郎が、ゆっくりとした足取りで姿を見せると、渡が投げた台本を拾い上げてから、

「なあ、コマサ」

と、穏やかな声で語りかけた。

「俺はいったい何年テレビをやってんだ？ くだらねぇ脚本《ホン》がいっぱいあるよな。俺なんか、いつも電話番やらされてんだぜ。そんなもん、俺の扱いであるかよ。そうだろう？」

『太陽にほえろ！』の「藤堂係長」の役を引き合いにし、嘲笑的な笑いを浮かべる裕次郎に、渡は返す言葉がなかった。裕次郎の手から無言で台本を受け取ると、渡は頭を下げて撮影にもどった。

『大都会』の終了と同時に、テレビ朝日で『西部警察』が始まり、いまも続いている。台本を放り投げてから五年。自分を殺し、渡はずっと辛抱してきたことに、裕次郎は思いを馳せる。

よくやってくれた。本当によくやってくれた。もういいだろう。目的に向かって一直線に延びるレールも、ほんのちょっとした歪《ひず》みが生じれば、それは先に行けば行くほど次第に大きくなっていって、石原プロいう列車は脱線する。

「一度終わりにするか」裕次郎はつぶやいた。

このところ裕次郎は腰痛と発熱が続き、寝つけない夜があったりした。

〈なんだろう、このダルさは。身体の中で何か異変が起きているのだろうか〉

日を改めて、裕次郎はコマサを自宅に呼んだ。

部屋に入ると、裕次郎がいつもの笑みを浮かべて言った。

「いつまでも『西部警察』を続けていたら、映画のことを考える時間が持てないよな。どうだい、このへんでちょっと区切りをつけないか」

「わかりました」

コマサが頭を下げた。自分もテツも、船のエンジンのようなもので、スクリューを回すのが仕事だと思っている。船を前後左右のどっちに動かすかは、船長の裕次郎が決めることだ。

頭を下げながら、いよいよ映画を撮る気だ――とコマサは身震いした。コマサも映画を撮りたい。その思いは同じとしても、失敗を恐れた。恐れは金額損失でも、経営危機に陥ることでもない。雌伏を経て勝負をかけた作品が万一コケでもしたら、「石原裕次郎」の名前に傷がつく。太陽は紺碧の空にあって輝き続けなければならない。だからコケさせては絶対にいけないのだ。

そう考えると、コマサは足がすくむ。昨夜、テツは、いつまでも映画を撮ろうとしないことをなじった。撮ろうとしないのではない。コマサは撮るのが怖いのだった。

五億八千万円の負債を背負うことになった『ある兵士の賭け』『エベレスト大滑降』などの失敗がいまもトラウマとし

西部警察前夜―第8回 石原プロの流儀

て残っている。その後負債額は十億円近くまで膨らんだ。

それでも決心したのは、もうひとつの理由があった。今年三月に行ったCTスキャンで裕次郎に肝臓がんの疑いがもたれた。渡には伝えたが、裕次郎にもまき子夫人にも知らせていない。

〈社長の元気なうちに決断するのもありだな〉

コマサは決心した。

テレビ朝日は寝耳に水だった。石原プロが『PART‐Ⅳ』をやらない理由は、どこにも見当たらない。高視聴率を継続している。スポンサーも大手がついていて、少なからざる利益をあげている。大阪城公園のセレモニーには十二万人が押しかける人気ぶりだった。テレビ朝日の担当プロデューサーが驚いて絶句するのは当然だったろう。

裕次郎や渡の思いを言葉にするのは難しい。誤解を生んでもいけないので、コマサは多くを語らず、

「決めたのは石原でして、それを忠実に実行するのが番頭たる私の役目です」

と告げ、それで押し通したが、テレビ朝日としては「はい、そうですか」というわけにはいかない。日曜夜、NHK大河を向こうにまわし、ゴールデンタイムの視聴率戦争で『西部警察』を失ったら、そのあと何をぶつければいいのか。頭を抱えたが、石原裕次郎の意向とあれば、いかんともしがたかった。

三浦甲子二《みうらきねじ》専務も、その思いは同じだった。小林専務のシビアな手法は「銭ゲバ」と畏敬されるほどで、「テレ朝の天皇」と呼ばれるリアリストの三浦専務は、コマサのビジネスセンスを買っていた。それがなぜ、ここで『西部警察』をやめるというのだろうか。ビジネスセンスからして、三浦にはとうてい理解の及ばないことだった。

裕次郎は渡とコマサを伴って、麻布のテレビ朝日本社に三浦専務を訪ねた。すでに製作現場では話がついており、儀礼的なものだった。

「お世話になっていて、こんなこと言うのは申し訳ないんですが、『西部警察』という過激な番組を五年もやるなんて気は最初からなかったんですよ。ところがテレビというのは、ひとたび視聴率を取ると勝手に回り始めて止まらなくなる。エンドレスなんですね。このままではテレビという怪物にどこまでも引きずられてしまって、石原プロとして考える暇がない。どっかでけじめをつけませんとね」

「けじめをつけて映画、ということのようですが、どうして映画ですかな」

「キザな言い方になりますが、石原プロは映画屋が集まってつくった集団です。映画がコケて多額の負債を背負ってしまいましたが、返済のためテレビの仕事に追われながら、いつかもう一度映画を作ってみたいという夢があった。いい歳をして笑われるのを覚悟で言えば、夢よもう一度、ということでしょう」

裕次郎の言わんとしていることはわかるが、テレビや映画をビジネスの手段として考える三浦専務には、その心情がいまひとつ理解できなかった。テレビ映画と本編映画とどこが違うというのか。『西部警察』はテレビで放映をしてはいるが、あれは立派な映画ではないのか。

「そんなにテレビはつまらないですかな？」

裕次郎と渡の二人を交互に見やりながら問いかけた。

「違います」

寡黙な渡が珍しく身を乗り出すようにして、

小林専務、舘ひろし、渡哲也の3人で地方ロケを引っ張った。

石原プロに役者、スタッフが一丸となって裕次郎の夢である映画作りへ心を一つにしていった。

「テレビの連続ドラマは、一週間に一本作らなければならないという時間的な制約が最低条件としてあります。今日、予定されているシーンは、どうあっても今日撮ってしまわなければならない。昨日まで晴天のシーンで撮っていて、今日、曇っているからといって晴れるまで待つわけにはいかない。前後のつながりに矛盾が出ても、曇天のまま撮ってしまうわけです。

　演出家だって、演出している余裕がない。セリフが台本どおりしゃべれたらそれでオーケーを出す。映っていればいいということで、役者に演技をつける時間がないんですね。台本《ホン》が出来てきて、あきらかにこの部分ご都合主義でおかしいということがプロデューサーや役者にもわかっていても、そのホンを作家にもどして書き直してもらう時間がない」

　裕次郎もコマサも、渡がここまで熱弁をふるう姿を始めて見た。映画に対する熱意が、これまでの封印を突き破って吹き出しているようだった。

「小道具にしたってそうです。たとえばこのコーヒーカップ」

　と、渡がテーブルに手を伸ばして、

「演出家としてはこのカップを指定していたのだが、何かの手違いでそれがなかったとします。テレビでは時間の制約があるから、じゃ、あのカップで間に合わせてしまえということになる。そんなこと映画では絶対にないことなんですよ。これと決めたカップはこれでなくてはならない。そうやって映画では全員が自分の手で映画づくりに参加している。そういう参加意識や達成感があるんです。そういうわけで、どうしてもテレビ映画は〝我々は完璧な仕事をしているんだろうか〟という不満が残るんです」

　三浦専務にそこまで話したところでしょうがないだろうと、コマサは思っていた。『西部警察』はすでにやめることが決まっている。映画製作にテレビ朝日が協力してくれるわけでもなし、いまさら熱弁を振るう意味がない。だが、聞いているうちに、渡は三浦専務ではなく、自分自身に話していることにコマサは気がつくのだった。

　裕次郎が引き取るようにして言う。

「全国縦断ということで『西部警察』のセレモニーをやったら、大阪で十二万人集まりました。

　行く先々で強い反応があった。この余韻の冷めないうちに映画を撮れば支持してもらえるという手応えを感じました。資金面の見通しもある。私は将棋の香車のように、何が何でも突っ込んで行くほうではない。どっちかと言えば受け止める、受け容れるという性格だと思います。

　でも、いまはそういう時期ではない。勝負です」

　裕次郎の声は甘く、語り口は穏やかだったが、その背後には鋼《はがね》のような強靭な意志の力が横たわっていることを、三浦専務は感じ取っていた。押しが強くてビジネスセンスに秀でる小林専務が抵抗も説得もせず、石原裕次郎という男に素直に従う理由がわかるような気がした。裕次郎は男としてのスケールが違うのだ。

　以前、政治家との会合で、兄の慎太郎に会ったとき、

「弟で感心するのは、我慢強さと他人に対するやさしさですな」

　と語ったが、身内ほど人間が見えないものだと思った。裕次郎は自分の人生観、人生哲学をきちんと持っていて、それを貫き通す。そういう意味で攻撃的な男だ。受け身に見えるのは、ひとえに裕次郎のやさしさと包容力による。三浦専務の裕次郎評だった。

　裕次郎たちが帰ってから、三浦専務は、同席したテレビ朝日編成局幹部にこんな言葉をもらす。

「どうしても映画を作りたいという彼らの考えを、我々は理解できない。しかし、この際、理解するしかないな。そういう意味で、我々は曖昧な妥協をしたということになるが、石原プロは、テレビ朝日に対して、曖昧な妥協を強《し》いるだけの信念と力があったということになる」

　感情的な言葉はいっさい口にしない。三浦専務は、どこまでもリアリストであった。

『太陽と呼ばれた男』向谷匡史著
（青志社刊）より

新シリーズ
『西部警察 PERSONAL』写真集

西部警察 PERSONAL 1
石原裕次郎×渡哲也
THE KING OF SEIBUKEISATSU

木暮謙三×大門圭介 POLICE ACTION
BEST SHOT
特典 石原プロ社歌
『太陽と星たちの賛歌』CD カラオケ付
秘蔵写真 280 点一挙公開！

定価 2860 円（本体 2600 円+税）

西部警察 PERSONAL 5
御木裕・苅谷俊介
THE HERO OF SEIBUKEISATSU

北条卓、源田浩史 POLICE ACTION
秘蔵写真 220 点一挙公開！
特典 大門圭介特製クリアファイルA５版
２枚セット

定価 2970 円（本体 2700 円+税）

西部警察 PERSONAL 2
舘ひろし
THE HERO OF SEIBUKEISATSU

巽総太郎×鳩村英次 POLICE ACTION
秘蔵写真 223 点一挙公開！
特典「西部警察」サウンドトラック
SPECIALCD 2曲付

定価 2860 円（本体 2600 円+税）

西部警察 PERSONAL 6
五代高之・加納 竜・峰 竜太
THE HERO OF SEIBUKEISATSU

兼子仁、桐生一馬、平尾一兵
POLICE ACTION
秘蔵写真 228 点一挙大公開！
特典 大門圭介・PART- Ⅰポスター特製
クリアファイル A5 版 2 枚セット

定価 2970 円（本体 2700 円+税）

西部警察 PERSONAL 3
三浦友和
THE HERO OF SEIBUKEISATSU

沖田五郎 POLICE ACTION
秘蔵写真 174 点一挙公開！
特典「西部警察 Ⅱ・Ⅲ」
オリジナルサウンドトラック2
CD 2曲付

定価 2860 円（本体 2600 円+税）

西部警察 PERSONAL 7
藤岡重慶・井上昭文・小林昭二
THE HERO OF SEIBUKEISATSU

谷大作、浜源太郎、南長太郎 POLICE
ACTION
秘蔵写真 194 点一挙大公開！
特典 大門圭介・PART- Ⅱポスター特製
クリアファイル A5 版 2 枚セット

定価 2970 円（本体 2700 円+税）

西部警察 PERSONAL 4
寺尾聰
THE HERO OF SEIBUKEISATSU

松田猛 POLICE ACTION
秘蔵写真 199 点一挙公開！
特典「西部警察」
SPECIAL オリジナルサウンドトラック
CD 3曲付

定価 2860 円（本体 2600 円+税）

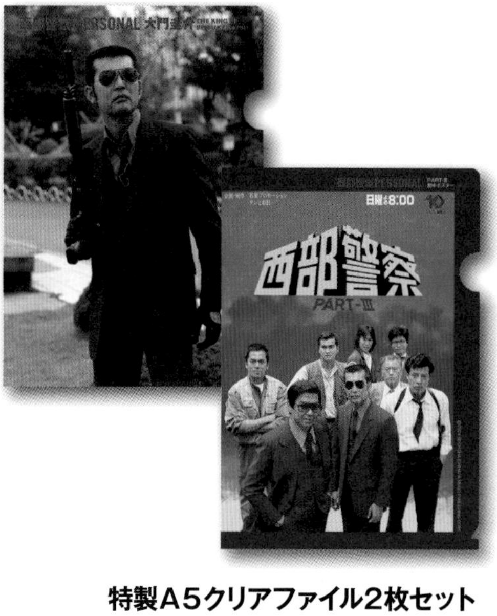

特典 西部警察 PERSONAL 8
大門圭介 & PART Ⅲポスター

他では絶対に手に入らない
超レアのクリアファイル

特製A5クリアファイル2枚セット

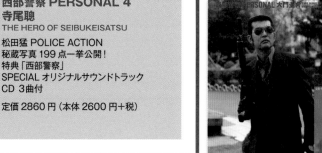

西部警察 PERSONAL 8
柴 俊夫 × 石原良純
THE HERO OF SEIBUKEISATSU

CONTENTS

大好評 特別特典

西部警察大門圭介・PART-Ⅲポスター
特製クリアファイル A5版 2枚セット

次号予告

発売は2024年5月中旬予定です。
西部警察 PERSONAL 9 SUPER HERO

発行日 2024年2月14日 第1刷発行

編集人
発行人 阿蘇品 蔵

発行所 株式会社青志社
〒107-0052 東京都港区赤坂5-5-9 赤坂スバルビル6F
(編集・営業) Tel : 03-5574-8511
Fax : 03-5574-8512
http://www.seishisha.co.jp/

印刷・製本 モリモト印刷株式会社

装丁 デザイン 加藤茂樹
編集 岩佐陽一・久保木侑里
進行 三浦一郎
制作協力 ㈱石原音楽出版社
写真提供 ㈱石原音楽出版社
㈱文化工房
取材協力 内山浩一
thanks ㈱テレビ朝日
※文中敬称略

ISBN 978-4-86590-169-6 C0074